APOLOGIE

DE BARTHELEMY DE LAS-CASAS,

ÉVÊQUE DE CHIAPPA,

Par le citoyen GRÉGOIRE.

Cuyo nombre merecę ser eterno
Yno cubrir se con obscuro velo.

(Jean de Castellanos.)

Lu à l'Institut national le 22 floréal an 8.

Tandis que l'Amérique, à peine ouverte au génie entreprenant de l'Europe, courboit la tête devant des conquérans ; tandis qu'à leur suite des hommes féroces, calomniant par leurs forfaits et la religion qu'ils prétendoient professer, et le sang espagnol dont ils étoient issus, portoient la désolation, l'esclavage et le massacre parmi ces peuplades indigènes qu'il eût été si facile de conduire au bien, si doux de s'attacher par des bienfaits ; quelques hommes élevant la voix contre les oppresseurs en faveur des opprimés, dévouoient ceux-là à la vengeance, et invoquoient sur ceux-ci la protection des lois divines et humaines.

A

A leur tête paroît avec éclat Barthelemy de Las-Casas, ou Casaus (comme l'écrivent quelques historiens). On conçoit que le protecteur des Indiens dut être spécialement en butte à la fureur de ceux qui en étoient les bourreaux, et cette fureur dut faire partie de l'héritage transmis par ces derniers à leurs enfans.

La médisance ne pouvant trouver des torts à Las-Casas, elle chargea l'imposture de lui en créer, et depuis deux siècles la calomnie pèse sur sa tombe.

Ainsi Vitré fut accusé d'avoir détruit les poinçons, les matrices et les caractères qui avoient servi pour imprimer la *Polyglotte* de Le Jay. Le public, qui le crut sur le témoignage de Lacaille et de Chevillier (1), maudit sa mémoire, en rendant justice à ses talens. Le nom de cet artiste distingué seroit encore flétri pour un crime qu'il n'avoit pas commis, si, plus de cent ans après sa mort, les poinçons et les matrices n'eussent été retrouvés par un savant que la France a perdu récemment (2), et sur la tombe duquel à peine a-t-on jeté une fleur.

Combien d'autres mensonges littéraires et politiques ont traversé les siècles, et sont mis au rang des vérités ! Quel ample supplément on pourroit ajouter à l'ouvrage

______

(1) Voyez l'*Histoire de l'imprimerie et de la librairie*, par Jean de Lacaille, in-4°. Paris, 1689, p. 241, et l'*Origine de l'imprimerie de Paris*, par Chevillier, 1694, in-4°. Lacaille accuse Vitré d'avoir fait détruire les caractères. Chevillier dit (p. 300) qu'il fit détruire *les poinçons, les matrices et les caractères*.

(2) Voyez dans la *Notice des manuscrits*, etc. t. I, le mémoire de M. de Guignes.

de Lancelotti *sur les impostures des anciens historiens* (1)! Non contens de tourmenter les hommes, les tyrans qui se voient en face de la postérité, calculent encore les moyens de la tromper. Notre révolution en fournit plus d'un exemple; mais aussi plus d'un écrivain se prépare à dévoiler les trames ourdies pour faire mentir l'histoire.

Parmi les détracteurs de Las-Casas, les uns l'accusent d'avoir introduit la traite des nègres; les autres, sans lui donner cette affreuse initiative, prétendent que, pour épargner ses chers Indiens, il proposa au gouvernement espagnol de leur substituer les Africains. Ces inculpations, reproduites récemment encore, servent d'aliment à la malignité, et de consolation à la foiblesse qu'offusqueroit une vertu sans tache. D'ailleurs les historiens et leurs lecteurs trouvent en général qu'il est plus commode de répéter que de vérifier. Je l'ai remarqué, sur-tout en faisant des recherches dont on va lire le résultat.

Les Carthaginois et d'autres peuples anciens ont eu des esclaves noirs; il paroît même qu'on en vit quelques-uns en Grèce et à Rome. A cela près, l'Europe se doutoit à peine de l'existence des nègres, lorsqu'en 1443, selon Anderson (2), un an plus tard, selon

---

(1) *Farfalloni de gli antichi historici*, par Lancelotti. *Venise*, 1536, in-8°.

(2) *An historical account and origine of the commerce*, by Anderson, t. I, p. 464.

Freira (1), les Portugais, sous le règne de l'infant don Henri, et sous la conduite d'Alonzo Gonzales, commencèrent à voler en Guinée des indigènes qu'ils vendoient aux Espagnols. Cet horrible commerce devenant lucratif, des compagnies se formèrent à Lagos pour le continuer au Sénégal et au cap Vert. Tous les historiens s'accordent sur ces faits. Voilà donc la traite des noirs établie entre l'Europe et l'Afrique, trente ans avant l'existence de Las-Casas, qui naquit en 1474.

Précisément sur cette année, Ortez de Zuniga, historien de Séville, observe que les Espagnols, habitués à se procurer des nègres par l'entremise du Portugal, augmentèrent leurs profits, en faisant directement la traite, et que depuis long-temps (*avia años*), des ports de l'Andalousie on naviguoit à la côte de Guinée, d'où l'on amenoit des noirs; le nombre en étoit extrêmement multiplié à Séville où ils étoient bien traités, ayant leur police particulière : il cite même une cédule royale qui, après un éloge pompeux de l'un de ces nègres, l'établit *Mayoral* et juge des noirs et mulâtres des deux sexes résidans en cette ville (2).

L'esclavage des noirs semble avoir suivi, dans les temps modernes, la transplantation de la canne à sucre, culti-

---

(1) Voyez *Vida do infante D. Henrique por Candido Lusitano*, in-4°. *Lisboa*, 1758. *Candido Lusitano* est pseudonyme. L'auteur est C. J. Freira père de l'Oratoire de Saint-Philippe de Neri.

(2) Voyez *Annales ecclesiasticos y seculares*, etc. *de Sevilla*, par D. Diego Ortez de Zuniga. *Madrid*, 1677. in-fol. t. XII, n° 10, p. 373 et suivantes.

vée successivement en Espagne, à Madère, aux Açores, aux Canaries et en Amérique.

Après les massacres qui dépeuplèrent le Nouveau-Monde, et sur-tout Hispaniola, aujourd'hui Saint-Domingue, quelques nègres furent transportés dans cette île, en 1508, selon Hargrave (1); en 1503, selon Anderson, Charlevoix (2), et la plupart des historiens : Herrera remonte même à l'an 1498 (3).

Or il est à remarquer que, parmi les historiens, ceux qui se sont constitués les accusateurs de Las-Casas, placent tous à l'an 1517 le projet imputé au célèbre défenseur des Indiens pour leur substituer les nègres. Ainsi, de l'aveu unanime de ces écrivains, la traite des nègres en Amérique est antérieure de quatorze ans, selon les uns, et même de dix-neuf ans, selon Herrera, qui, dans un moment, va figurer comme le seul accusateur.

Mais Las-Casas, désolé des cruautés exercées contre les Indiens, proposa-t-il au gouvernement espagnol de les remplacer par des nègres? Marmontel, Roucher, Raynal, Paw, Frossard, Nuix, Bryant Edouard et Gentil (4) l'assurent. Cette supposition donne lieu à une

---

(1) *An argument or the case of Sommerset*, etc. par Hargrave.

(2) Anderson, t. IV, p. 690. — *Histoire de Saint-Domingue*, par Charlevoix, t. I, sous l'an 1503 et l'an 1505.

(3) *Description de las Indias occidentales*, etc. par Herrera, V° vol. in-fol. 1725, décade première, liv. III, p. 79, sous l'an 1498.

(4) Voyez *Poème des mois*, par Roucher, notes du mois d'avril. — Raynal, édition de Genève, 1780, in-4°, t. II, p. 177 et suiv. — De Paw, *Recherches sur les Américains*, t. I, p. 120. — Frossard, *La cause des noirs*, etc. — *Histoire civile et commerciale des colonies anglaises*, par Bryant Édouard,

(6)

apostrophe énergique de la part de ce dernier : c'est de l'éloquence perdue, si le fait n'est pas vrai.

En rapprochant les textes, on voit que ces écrivains ont parlé ou d'après Charlevoix qui, sans citer Herrera, le copie (1), ou d'après Robertson qui, en ne s'appuyant que sur Herrera, le dénature. Je vais traduire les deux textes. Écoutons d'abord ce dernier.

« Le licencié Barthelemy de Las-Casas, voyant que
» ses projets rencontroient de toutes parts des difficultés,
» et que les espérances qu'il avoit fondées sur ses liai-
» sons avec le grand chancelier, et le crédit dont il
» jouissoit près de lui, étoient sans effet, il imagina
» d'autres expédiens, tels que celui de procurer aux
» Castillans établis dans les Indes, une cargaison de
» nègres pour soulager les Indiens dans la culture des
» terres et le travail des mines, et celui d'avoir un bon
» nombre de laboureurs qui passeroient dans ces contrées
» avec certaines libertés, et d'après quelques conditions
» dont il exposa le détail, etc. (2) »

---

t. IV, chap. 3. — *Reflexiones imparciales sobre la humanidad de los Es-pagnoles en las Indias contra los pretendidos filosofos y politicos*, traduit de l'italien en espagnol de l'abbé Nuix, par D. Pedro Varela y Ulloa. *Madrid.* in-4°, 1782, troisième réflexion, parag. 2, p. 226 et suiv. — Genty, *L'influence de la découverte de l'Amérique sur le bonheur du nou-veau monde*, p. 184.

(1) Charlevoix, t. I, p. 346.

(2) « *El licenciado Bart. de Las-Casas viendoque sus concetos hallavan*
» *en todas partes dificultad, y que las opiniones que tenia por mucha fami-*
» *liaridad que avia conseguido y gran credito con el gran canciller no podian*
» *aver efeto, se bolvio a otros espedientes, procurando que, a los Castel-*

Voici comment, d'après cet écrivain, Robertson raconte la chose :

« Las-Casas proposa d'acheter *chez les Portugais* » *établis à la côte d'Afrique* un nombre suffisant de » nègres, et de les transporter en Amérique pour y » être employés, comme *esclaves*, au travail des mines » et à la culture des terres..... Néanmoins le cardinal » Ximenès, sollicité à encourager ce commerce, rejeta » courageusement cette proposition, parce qu'il sentoit » combien il étoit injuste de condamner une race » d'hommes à l'esclavage, tandis qu'il s'occupoit des » moyens d'en rendre une autre à la liberté : mais Las- » Casas, entraîné par l'inconséquence naturelle aux » hommes qui se jettent avec une précipitation effrénée » dans tout ce qui peut favoriser leur système chéri, » étoit incapable de faire cette distinction. Tandis qu'il » réclamoit avec ardeur la liberté d'un peuple établi » dans une partie du globe, il travailloit à enchaîner » les habitans d'une autre contrée, et, dans la chaleur » de son zèle pour sauver les Américains du joug, il » déclaroit qu'il étoit expédient et permis d'en imposer » un plus pesant aux Africains (1). »

____

» laxos que vivian en las Indias, se diesse saca de negros, para que con » ellos en las grangieras y en las minas fuessen los Indios mas aliviados : » y que se procurasse de levantar buen numero de labradores que passassen » a ella con ciertas libertades y conditiones que puso ». (*Hist. de las Indias occidentales*, par Herrera, dec. 2, t. II, chap. 20.)

(1) « *Las-Casas* proposed to purchase a sufficient number of *negros* from » the Portugueses setlement or *the coast of Africa*, and to transport them

On voit que non seulement Robertson n'élève aucun doute sur l'authenticité du fait avancé par l'auteur espagnol, mais que même il en exagère la noirceur; et l'âcreté de son style décèle le plaisir de déchirer. Assurément on ne doit censurer qu'avec circonspection un auteur aussi recommandable que Robertson; mais j'en appelle à la comparaison des textes : l'Espagnol raconte, l'Ecossois déclame.

Aussi Clavigero, dans son excellente *Histoire du Mexique*, lui reproche beaucoup d'erreurs, de contradictions, et il en multiplie les preuves (1). Le même Clavigero, qui parle du transport des noirs en Amérique, et de Las-Casas, quelquefois même en le critiquant, n'insinue pas le moindre soupçon contre lui sur l'article qui fait l'objet de ce mémoire.

» *to America in order that they might be employed as slaves, in wor-*
» *king the mines and cultivating the ground....* Cardinal Ximenes however
» when sollicited to encourage this commerce, peremptorily rejected the
» proposition, because he perceived the iniquity of reducing one race of men
» to slavery, while he vas consulting about the means of restoring liberty
» to another. *But Las-Casas, from the* inconsistency natural to men who
» hurry with headlong impetuosity towards a favorite point, was incapable
» of making this distinction. *While he contended earnstly for the liberty of*
» *the people born in one quarter of the globe,* he laboured to inslave the
» inhabitants of another region, and in the warmth of his zeal to save the
» Americans from the yoke, prononced to be lawful and expedient to impose
» one stile heavier upon the Africans ». (*History of America* by Robertson,
t. III, à l'an 1517.)

(1) *The history of Mexico* by Clavigero, 2 vol. in-4°, t. I, p. xxvj.
Je n'ai pu me procurer que la traduction anglaise de cet estimable ouvrage
par Cullen.

Les auteurs ayant tous copié Herrera, l'autorité de celui-ci est donc la seule qui mérite d'être pesée. Il publia les quatre premières décades de son histoire générale des Indes en 1601, c'est-à-dire trente-cinq ans après la mort de Las-Casas, qui, en 1566, avoit terminé une carrière de quatre-vingt-douze ans.

Remarquez d'abord que Herrera ne fait pas Las-Casas auteur de la traite des noirs, puisqu'il a reconnu qu'elle existoit antérieurement, et il ne parle aucunement d'esclavage.

2°. On se demande pourquoi Herrera ne cite pas la source où il a puisé l'accusation.

N'étoit-ce pas le cas de produire le mémoire dans lequel Las-Casas est supposé avoir consigné son projet, ou tout au moins d'en extraire quelques passages ?

3°. Herrera paroît très-prévenu contre Las-Casas, quoiqu'il l'appelle un écrivain de *Mucha-fé*, digne de beaucoup de confiance.

4°. Gumilla, en parlant de Herrera dont il fait d'ailleurs l'éloge, ne veut pas qu'on ajoute foi légèrement à ce que les historiens racontent des premiers temps de l'Amérique (1).

5°. La véracité de Herrera est attaquée par Laet, Solis, et sur-tout par Torquemade, l'auteur le plus exact en ce qui concerne le Nouveau-Monde (2), qu'il habita depuis sa jeunesse jusqu'à sa mort.

---

(1) *Histoire de l'Orénoque*, chap. 5o.
(2) *Monarchia indiana.* Séville, 1615. in-fol.

B

Las-Casas a laissé inédite une histoire générale des Indes, dont Herrera a beaucoup profité. Un savant américain, docteur de l'université de Mexico, m'assure avoir lu les trois volumes in-f°. manuscrits de la main de l'évêque, sans y rien trouver qui l'inculpe relativement aux nègres. Il appuie d'ailleurs le jugement de Muños, qui, dans la préface de son *Histoire du Nouveau-Monde*, après avoir rendu justice au talent de Herrera, l'accuse de manquer de critique, de donner des traditions suspectes pour des vérités, de travailler avec précipitation, en ajoutant ou en omettant à sa fantaisie (1).

N'est-il pas étrange que l'accusation dont il s'agit ne soit mentionnée dans aucun des auteurs qui, à diverses époques, ont écrit la vie de Las-Casas d'une manière plus ou moins détaillée? tels sont particulièrement :
Echard et Quetif (2), Touron (3), Dupin (4), Michel Pio (5), Nicolas Antoine (6), Eguiara (7); les quatre premiers sont Français, le cinquième est Italien, le sixième, Espagnol; le dernier, Américain : tous gardent le silence à cet égard.

---

(1) *Historia del nuevo mundo*, 1793, t. I. Voyez le prologue.

(2) *Scriptores ordinis prædicatorum*, t. II, p. 192 et suiv.

(3) *Histoire de l'Amérique*, t. I, p. 190, et *Histoires des hommes illustres de l'ordre de saint Dominique*, t. IV, p. 24 et suiv.

(4) *Bibliothèque des auteurs ecclésiastiques*, seizième siècle.

(5) *Delle vite degli huomini illustri di S. Domenico*. Pavie, 1613. in-fol, part. II, liv. IV, p. 32 et suiv.

(6) *Bibliotheca nova scriptorum Hispaniæ*, art. *Barth. de Las-Casas.* Madrid, 1783.

(7) *Bibliotheca Mexicana*, t. I, p. 363 et suiv.

Je pourrois me prévaloir de celui de Alvare Gomez, de Baudier, de Fléchier, de Marsollier, et de l'anonyme, qui ont publié chacun une histoire du cardinal Ximenès (1), connu pour s'être opposé constamment au transport des nègres en Amérique. Les deux premiers imputent ce crime aux seigneurs flamands qui étoient à la cour d'Espagne ; les trois autres, d'accord avec l'abbé Racine, et Fabre, continuateur de Fleury, le rejettent sur Chièvres qui en cela abusa de son crédit.

Si nous remontons aux auteurs contemporains de Herrera, ou antérieurs à cet historien, les uns, tels que Gumilla, Zarate, Thomas Gage, Alvaro-Nunèz, et beaucoup d'autres, parlent des nègres, sans parler de Las-Casas.

Jean de Solorzano (2), Davilla Padilla (3), Solis (4), Sandoval (5), Laet (6), Torquemada (7) : les uns amis, les autres, ennemis de Las-Casas, parlent de lui, mais sans l'accuser.

---

(1) Voyez *De rebus gestis à Francisco Ximenio Cisnero,* etc. par Alvare Gomez, liv. VI, p. 1086. — Baudier, *Histoire de l'administration du cardinal Ximenès,* p. 132 et suiv. — *Vie de Ximenès,* par Fléchier, liv. IV, p. 434 et suiv. — *Vie de Ximenès,* par Marsollier, liv. VI, p. 285. — *Histoire du ministère du cardinal Ximenès,* liv. VI, p. 393.

(2) *De jure Indiarum,* in-fol. 1629, lib. II.

(3) *Historia de la fundacion y discurso de la provincia de Sant-Yago de Mexico de la orden de predicatores,* etc. in-fol. *Bruxelles,* 1625.

(4) *Conquête du Mexique,* liv. IV, chap. 12.

(5) *Histoire de Charles-Quint,* t. II.

(6) *Description des Indes occidentales,* liv. XVIII, chap. 5.

(7) *Monarchia indiana,* liv. XV, chap. 17, édit. de Séville en 1615.

Jean de Castellanos veut, au contraire, que le nom du protecteur des Indiens arrive sans tache à l'immortalité (1).

Parmi les écrivains antérieurs à Herrera, et contemporains de Las-Casas, je citerai Remesal, à qui nous devons une histoire très-détaillée de Chiappa; il parle des mémoires présentés au roi par Las-Casas en faveur des Indiens; mais il ne dit pas un mot des noirs (2).

Pierre Martyr, membre du conseil des Indes, qui, dans son ouvrage, exprime le desir de voir publier sans délai tout ce que Las-Casas a écrit sur cette contrée (3).

Hernandès de Oviedo (4), et Lopès de Gomara (5), ennemis déclarés de Las-Casas, qui, de l'aveu même de Herrera, a eu droit de s'en plaindre (6).

Jérôme Benzoni de Milan, plus acharné encore contre lui (7); Bernaz Diaz del Castillo (8), l'un des conqué-

---

(1) *Primera parte de las elegias de varones illustres de Indias.* Madrid, 1589. in-4°, p. 288 et suiv.

(2) *Historia de la provincia de Chiappa y Guatimala*, in-fol. liv. IV, chap. 10.

(3) *Delle navigatione e viaggi raccolte*, etc. par Ramusio, t. III, où l'on trouve le *Sommaire sur les Indes occidentales*, par Pierre Martyr de Milan, nommé aussi *Anglerio*.

(4) *La historia generale de las Indias.* Salamanque, 1547. in-fol. liv. XIX, chap. 4, p. 656.

(5) *Historia general de las Indias* (par Lopès de Gomara, anonyme), in-fol. *Medina-del-Campo*, 1553. On a traduit en italien la seconde partie de cet ouvrage, sous le titre de *tercera parte*; j'ignore d'où vient cette erreur.

(6) Décad. 3, liv. II, p. 49.

(7) Voyez dans Théodore Debry l'ouvrage de Jérôme Benzoni, qui écrit contre Las-Casas avec un style de libelle.

(8) *Historia verdadera de la conquista de la nueva Espana.* Madrid,

rans du Nouveau-Monde, qui, suivant Solis, cache sa passion sous le masque d'une naïveté grossière, et qui outrage également La Casas.

Enfin Sepulveda lui-même, son plus grand adversaire ; amis et ennemis, tous se taisent sur l'article que je discute.

On connoît la célèbre conférence qui, par ordre du gouvernement espagnol, eut lieu à Valladolid, en 1550, entre Las-Casas et Sepulveda. Celui-ci prétendoit qu'il étoit juste de faire la guerre aux Indiens pour les convertir. Las-Casas le réfutoit par les principes de tolérance et de liberté en faveur de tous les individus de l'espèce humaine ; et ces principes obtinrent l'approbation solennelle des universités d'Alcala et de Salamanque. S'il eût commis l'inconséquence de vouloir

---

1795, 4 vol. in-12, t. I, chap. 7, p. 33 ; et t. II, chap. 83, p. 45, etc.
Dans un abrégé d'histoire ecclésiastique traduit du français en espagnol, on a inséré une lettre attribuée à Benavente, un des premiers missionnaires franciscains dans les Indes occidentales, qui déchire indignement Las-Casas. Je ne connois pas cette pièce ; mais un ecclésiastique américain qui m'écrit à ce sujet, fait les observations suivantes : 1°. plusieurs Franciscains qui étoient d'avis de convertir militairement les Indiens, se déclarèrent antagonistes des Dominicains, qui, tous animés des sentimens de justice et de douceur de leur confrère Las-Casas, les prêchoient publiquement. Il se pouvoit donc que parmi les religieux de S. François, quelqu'un, vendu à la faction qui opprimoit les malheureux Indiens, eût écrit à la cour pour tâcher de détruire ou d'atténuer l'horreur des forfaits dénoncés par Las-Casas. 2°. Cette lettre, remplie d'anachronismes, a tous les caractères de l'imposture : on doute que jamais les éditeurs puissent en produire l'original. 3°. Fût-elle authentique (et c'est ici le point capital), elle ne présente rien qui inculpe Las-Casas relativement aux nègres.

substituer les nègres aux Indiens, Sepulveda, qui étoit un esprit délié et très-exercé dans le genre polémique, n'eût pas manqué de signaler cette contradiction : elle n'eût pas échappé à l'Académie d'histoire de Madrid, qui donna, il y a vingt ans, une magnifique édition de cet apologiste de l'esclavage, tandis qu'il n'existe pas encore une édition complète des œuvres du vertueux Las-Casas ; et cette Académie ne rougissoit pas (1) d'approuver ce qu'elle-même appelle « une pieuse et » juste violence exercée contre les païens et les héré- » tiques ». Il est doux de se persuader qu'une doctrine si révoltante répugne aux membres actuels de cette société savante, à laquelle on doit plusieurs volumes de mémoires curieux. Du reste, on ne trouve pas un mot sur l'inculpation relative aux nègres, ni dans les ouvrages qu'on vient de citer, ni dans ceux qu'a publiés sur l'é- ducation populaire le savant Campomanes, que personne n'accusera d'ignorer l'histoire de son pays, et qui, dans cet écrit, censure sévèrement Las-Casas (2).

Actuellement, si nous interrogeons les ouvrages de ce dernier, ils déposent en sa faveur.

Religieux comme tous les bienfaiteurs du genre hu- main, il voyoit dans les hommes de tous les pays les membres d'une famille unique, obligés de s'aimer, de s'entraider, et jouissant des mêmes droits.

---

(1) *Vie de Sepulveda*, p. 73.

(2) Voyez *Appendice a la education popular*, t. II, part. I, p. 172 et suiv. dans les notes, et part. IV, p. LIX, etc.

Dans le traité curieux et très-rare où il examine si les chefs du gouvernement peuvent aliéner quelque portion du territoire national (1), il établit que ce qui importe à tous exige le consentement de tous, que la prescription contre la liberté est inadmissible, que la forme de l'état politique doit être déterminée par la volonté du peuple, parce qu'il est la cause efficiente du gouvernement, et qu'on ne peut lui imposer aucune charge sans son consentement.

Ses autres ouvrages présentent la même doctrine ; on la trouve spécialement dans celui où il expose les moyens de remédier aux malheurs des indigènes du Nouveau-Monde ; il répète que la liberté est le premier des biens ; et que toutes les nations étant libres, vouloir les asservir sous prétexte qu'elles ne sont pas chrétiennes, c'est un attentat contre le droit naturel et le droit divin. Il ajoute que celui qui abuse de l'autorité est indigne de l'exercer, et qu'on ne doit obéir à aucun tyran (2). Il indique, dans le plus grand détail, les mesures à prendre pour soulager les malheureux Indiens. Assurément c'étoit là l'occasion de proposer l'importation des noirs, s'il eût été capable de s'écarter des

---

(1) *Utrum reges vel principes, jure aliquo vel titulo et salvâ conscientiâ, cives ac subditos à regiâ coronâ alienare, et alterius dominio particularis ditionis subjicere possint*, etc. in-4°. *Tubingen,* 1625. Je ne connois à Paris qu'un exemplaire de cet ouvrage curieux : il y en a eu une autre édition in-4° à Jena en 1678.

(2) *El que usa mal del Dominio no es digno de senõrar, y al tyranno ninguno ni obediencia ni ley se le deve guardar.* (Razon 9.)

principes qu'il avoit si bien développés, et néanmoins il n'en parle pas. Il y a plus : un passage de cet écrit, le seul où j'ai trouvé le mot de *nègres*, prouve que déjà on les employoit. Les Indiens, torturés par les divers agens de l'autorité publique et par leurs maîtres, le sont encore, dit-il, par les domestiques et par les *nègres* (1).

Parmi les manuscrits de la Bibliothèque nationale, j'en ai découvert un sous le n° 10536 (2), contenant deux ouvrages espagnols que je crois inédits. Le premier est un traité anonyme et sans titre, dans lequel l'auteur, réduisant à sa juste valeur la donation d'Alexandre VI, décide que les rois de Castille sont obligés de restituer aux descendans des Incas le royaume du Pérou, que les Castillans sont tenus de rendre aux Indiens les mines, les terres, et tout ce qu'ils leur ont pris (3). Les idées, la manière de les présenter, le

----

(1) Razon 20.

(2) C'est le n° 651 du *Catalogue de Baluze*.

(3) Dans un ouvrage que prépare le citoyen Bougainville, il témoigne ses regrets sur la perte des îles Malouines. En examinant les principes d'après lesquels devroit s'établir le droit de propriété sur de nouvelles contrées, ne pourroit-on pas dire que, lors sur-tout qu'elles sont à très-grande distance des terres habitées, et qu'elles sont sans habitans, le navigateur qui s'y établit le premier, acquiert le droit d'en jouir. Le citoyen Bougainville ayant trouvé les îles Malouines sans habitans, il y avoit commencé à ses frais une colonie. Dans l'espace de trois ans, elle avoit déja fait des progrès qui promettoient les plus heureux résultats. Déja un fort étoit construit, les cultures étoient en activité, on exploitoit des tourbières ; il avoit *cicuré* (rendu domestiques) une belle espèce d'outardes, etc. il entrevoyoit déja avec enthousiasme le moment de bâtir un observatoire à 51 degrés de latitude sud, quand l'Espagne réclama ces îles ; la France accéda à cette réclamation. Le

style, tout favorise la présomption que cet écrit, dans lequel l'histoire peut puiser quelques faits, est de Las-Casas, qui, donnant l'essor à ses principes, les aura développés avec plus d'extension et d'énergie que dans son traité de l'*Empire des rois de Castille sur les Indiens*.

Le second, auquel est inscrit le nom de Las-Casas, est une lettre de soixante-dix pages, écrite en 1555, et adressée à un nommé Miranda, qui étoit alors en Angleterre.

Invoquant tour-à-tour et le droit naturel qui place au niveau les nations, les individus, et l'*Ecriture Sainte* qui dit que Dieu ne fait acception de personne, il met dans un nouveau jour la légitimité des réclamations des Indiens; et quoiqu'il y parle des noirs comme existans en Amérique, supprimer les *repartimientos*, est le seul remède qu'il propose aux malheurs des indigènes.

Las-Casas comble de justes éloges les missionnaires, parce qu'ils refusoient de réconcilier à l'église les Espagnols qui tenoient des Indiens en esclavage (1). L'histoire nous apprend même que, par une instruction particulière, il avoit défendu aux prêtres de son diocèse

---

gouvernement espagnol se comporta envers les colons avec cette loyauté qui lui est habituelle. Avec quel intérêt il parle de ces îles, ce savant navigateur, qui, surmontant des obstacles infinis, et dans un autre hémisphère formant un établissement de ce genre, donnoit de nouvelles espérances aux sciences et à l'humanité dont il a si bien mérité!

(1) Voyez son traité l'*Indiano supplice schiavo*, tom. 3.

d'absoudre les oppresseurs, s'ils ne rendoient leurs esclaves à la liberté (1), en les indemnisant pour les travaux faits pendant la durée de l'esclavage. A qui persuadera-t-on que la peau noire des hommes nés dans un autre hémisphère ait été pour lui un motif de les livrer à la cruauté des maîtres, lui qui toute sa vie revendiqua les droits des peuples sans distinction de couleur? Les hommes à grand caractère ont un ensemble de conduite qui ne se dément pas. Leurs actions et leurs principes sont à l'unisson : aussi Benezet, Clarkson, et en général les amis des noirs, loin d'inculper Las-Casas, le placent honorablement à la tête des défenseurs de l'humanité.

Quand même on prouveroit qu'il conseilla de recourir aux noirs, parce que, comme l'observe Herrera (2), un seul nègre fait autant d'ouvrage que quatre Indiens, je dirois : cette foiblesse ou cette erreur ne fut qu'une transaction forcée avec la tyrannie à laquelle il auroit voulu d'ailleurs arracher toutes ses victimes ; et alors il resteroit à ses détracteurs une autre tâche à remplir, celle de démontrer qu'il proposa ou prévit, à l'égard des noirs, des cruautés telles qu'en ont exercées plusieurs nations contre les malheureux Africains ; cruautés dont on trouve à peine quelques exemples dans les établissemens espagnols, quoiqu'ils aient été le théâtre du massacre des Indiens.

____

(1) Remesal, décade première, liv. VII, chap. 14. Voyez aussi, dans les œuvres de Las-Casas, la conférence avec Sepulveda, rédigée par Dominique Soto.

(2) Décade II, liv. II, chap. 8.

Voyez comme l'erreur s'établit et s'enracine. Plus d
trente ans après la mort de Las-Casas, vient un histo
rien crédule ou malveillant, qui, sans preuve, dirig
contre lui une accusation inouïe jusqu'alors. Les uns l
répètent sans l'examiner; d'autres en concluent que, l
premier, il a introduit la traite : voilà déja un com
mentaire qui enchérit sur le texte. On lie ensuite ce
idées au souvenir des barbaries justement reprochée
aux colons anglais, hollandais et français, et l'on élèv
un échafaudage de calomnies.

Las-Casas eut beaucoup d'ennemis; deux siècles plu
tard, il en auroit eu encore davantage. Dans un pays o
ces célèbres assemblées nommées *cortes* avoient répand
beaucoup d'idées libérales, où, par le conseil d'u
pape, les Arragonnais avoient établi une constitutio
presque républicaine (1), Las-Casas proclamoit san
opposition des vérités que le despotisme n'avoit pa
encore étouffées. Peu de temps après, Sandoval, Ra
mires et Mariana dédioient à des rois espagnols de
ouvrages très-hardis (2); et lorsque le despotisme eu
tout envahi, Las-Casas, à ses yeux, eut le tort d'avoi
abhorré l'obéissance passive.

Des aventuriers établis en Amérique, qu'il ne fau
pas confondre avec la nation espagnole, pas plus qu'on

---

(1) Voyez Antonio Perez, *Pedazos de historia*, p. 144 et suiv.

(2) Voyez *De rege et regis institutione*, par Mariana. — Le traité cu
rieux, *De lege regiâ*, par Pierre Calixte Ramirez. — *De instaurand
AEthiopum salute*, par Alonzo Sandoval, t. I, part. I, liv. I, chap. 16
p. 74.

ne doit confondre nos guerriers avec cette troupe de
vautours qui, à la suite des armées, ont pillé l'Italie
et la Suisse, livroient les Indiens à la servitude, aux
tourmens et à la mort! Las-Casas vouloit enchaîner leur
cupidité : il se trouvoit avec eux dans les mêmes rap-
ports que les amis des noirs en France, il y a quelques
années, avec les planteurs. N'avons-nous pas entendu
soutenir que les nègres étoient une classe intermédiaire
entre l'homme et la brute? Ainsi des colons espagnols
prétendoient que les Indiens n'appartenoient pas à l'espèce humaine. Chez nous, on accusoit les défenseurs
de la liberté des noirs d'être des factieux vendus à l'Angleterre, comme on avoit accusé Las-Casas d'être un
chef de sédition (1). Frémissant des horreurs dont il
avoit été le témoin, il en signala les auteurs, et souleva
l'indignation de toutes les âmes sensibles. On conçoit
que les oppresseurs des Indiens s'empressèrent de nier
ou d'atténuer ces forfaits, et qu'ils employèrent toutes
les ressources de la perfidie pour le noircir. Des hommes
qui assassinent ne craignent pas de calomnier ; il est
même surprenant que Las-Casas ait pu échapper à la
vengeance dans un pays où l'un de ses successeurs, à
Chiappa, fut empoisonné, uniquement parce qu'il avoit
voulu empêcher les dames de se faire apporter du cho-
colat à l'église (2).

Pour faire diversion, les plus modérés lui reprochoient

____

(1) *Amotinaba la gente*, est-il dit dans Herrera, déc. VI, liv. I, p. 12.
(2) Voyez Thomas Gage, p. 19, *Relation de divers voyages.*

de croire qu'on pouvoit civiliser par la voie douce de l'instruction et des bienfaits ces bons Indiens, dont la candeur est peinte d'une manière si touchante dans ses écrits et dans ceux de Palafox (1). Le bon sens appuyoit ce système ; mais quand les passions offusquent l'intelligence, le plus difficile par-tout est de ramener les hommes au sens commun. L'intolérance en a-t-elle fourni assez de preuves depuis dix ans? L'événement prouva qu'il étoit plus facile, comme le disoit Las-Casas, de faire embrasser le christianisme aux Indiens, que d'obliger leurs oppresseurs à vivre chrétiennement.

Ses ennemis lui reprochent encore trop de véhémence pour faire triompher ses projets relatifs à la liberté, et pour alléger les maux de ses semblables. Assurément un tort de ce genre n'est pas commun ; et Las-Casas parlant, écrivant, volant d'un hémisphère à l'autre, voyageant sans cesse pour atteindre ce but, avec un courage qui s'irritoit par les obstacles, dut paroître bien bizarre à tant d'hommes qui subordonnoient toutes leurs affections à l'intérêt personnel.

Des écrivains espagnols, entr'autres Campomanes (2), Nuix (3) et Muñoz (4), ont voulu prouver que Las-Casas avoit exagéré les cruautés commises en Amérique (5). L'entreprise n'est pas facile ; car ils ont à

(1) Voyez son ouvrage intitulé *l'Indiano*.
(2) Voyez les passages cités plus haut de ses *Appendices*.
(3) *Reflecciones imparciales*, etc.
(4) Voyez le prologue de son *Historia del Nuevo Mundo*, etc. p. xviii.
(5) Dans son ouv. la *Destruc. de las Indias*, trad. dans toutes les langues.

combattre le témoignage transmis jusqu'à nous dés missionnaires qui étoient alors dans ces contrées, et le témoignage d'une foule d'historiens. Si ces cruautés ne sont qu'une fiction, qu'on nous explique comment, à Saint-Domingue, toute la population indienne qui étoit si nombreuse, s'est éteinte au point qu'il n'en reste pas un seul individu. Les derniers sont morts, dit-on, il y a environ trente ans. C'étoient deux filles qui n'a-voient jamais voulu se marier, parce qu'habitant la partie soumise aux Espagnols, elles n'auroient pu épouser que des Espagnols (1).

Au reste, que prouvent contre ceux-ci des faits de ce genre ? Rien, absolument rien ; car le blâme de ces cruautés doit être réparti sur les autres Européens établis en Amérique, non moins que sur les Espagnols.

Prenez au hasard une nation quelconque de notre continent, et supposez que ses navigateurs eussent les premiers abordé le Nouveau-Monde : bientôt une foule d'aventuriers de tous pays, stimulés par l'ambition, par la soif de l'or, se seroient élancés au-delà des mers ; et l'Amérique eût été également le théâtre des crimes re-prochés aux premiers conquérans. Padilla (2) prétend qu'on a vu un jeune homme vendu pour un fromage ; qu'une fille, choisie entre cent, l'a été pour un ar-robe de vin ou une jarre d'huile ; qu'on a donné cent Indiens pour un cheval : mais le même Padilla dit avec

---

(1) Je tiens ce fait du citoyen François (de Neufchâteau).
(2) *Historia de la fundacion*, etc. liv. I, chap. 101.

raison à ses compatriotes : « que le souvenir de ces
» cruautés ne ternit pas la réputation de ceux qui n'en
» sont pas complices (1). » S'il étoit permis d'inculper
une nation généreuse et loyale en lui opposant les actions de ses ancêtres, quel peuple pourroit, sans rougir,
ouvrir sa propre histoire? Les hommes de l'avenir sont-ils
responsables des forfaits qui les ont précédés? Les Français de notre siècle sont-ils complices de la Saint-
Barthelemy, ni même des horreurs commises, lorsque,
sous le poignard de la terreur, trente mille brigands
opprimoient trente millions d'hommes?

Les détails qu'on vient de lire ne sont pas étrangers
à la question que je discute, pace qu'en exposant les
motifs qui firent tant d'ennemis à Las-Casas, et les
torts dont ils le chargent, leur silence sur l'accusation
relative aux nègres, et les éloges que la force de la vérité
leur arrache en sa faveur, établissent sa justification.

Qu'il me soit permis de signaler ici quelques hommes
auxquels le tribunal des siècles a décerné la gloire, ou
qu'il a voués à l'infamie, suivant la manière dont ils
avoient figuré dans une cause qui intéressoit une partie
du genre humain.

Quevedo, évêque du Darien, et Barthelemy Frias de
Albornos, se présentent à la postérité avec des noms
flétris : celui-là, pour avoir soutenu que la nature

---

(1) *La memoria que se hace de crueldades no ha ser ofensa de los que
no las usaron, ni es justo que los atreviementos de unos quiten las justas
alabanzas de otros*, liv. I, chap. 101.

(24)

destinoit les Indiens à la servitude ; celui-ci, pour avoir
établi les mêmes maximes que Sepulveda, dans un livre
censuré, même par l'inquisition de Mexico.

Mais, à la gloire de Las-Casas, doivent être associés
François de Vittoria (1), dominicain, et Antoine Ramirez, évêque de Ségovie, qui réfutèrent Sepulveda. On
sait d'ailleurs que Ximenès, que l'évêque de Badajoz,
et la plupart des prélats espagnols, appuyèrent ces
réclamations.

Garces, évêque de Tlascala, adressa à Paul III, en
faveur des Indiens, une lettre éloquente, à l'occasion
de laquelle ce pape publia une bulle contre leurs oppresseurs (2).

Avendaño (3), jésuite, écrivit courageusement contre
la traite, et se constitua également défenseur des Américains. Il déclare aux marchands d'hommes qu'on
ne peut, en sûreté de conscience, asservir les noirs,
qu'il appelle *Ethiopiens* : c'est le nom que leur donnent
divers auteurs de ce temps-là. Barbosa, Rebello, D. Soto,
Ledesma , Palaus , Mercato , Navarre , Solorzano ,
Molina, professent à peu près la même doctrine.

A très-peu d'exceptions près, dans cette cause hono-
rable, figurèrent la plupart des religieux qui mission-
noient dans le Nouveau-Monde, mais sur-tout les

----

(1) Dans ses *Theolog. recollectiones*, 5 et 9, §. 8.

(2) Voyez la bulle de Paul III, en 1537. Ce monument honore à jamais
la mémoire de ce pontife.

(3) *Thesaur. indic.* Anvers, 1668, t. I, tit. 9, n°s 189, 203, et *passim*.

dominicains. Leur zèle seconda parfaitement celui de Las - Casas. On doit citer particulièrement Pierre de Cordoue et Antoine de Montesino, qui, non contens de tonner dans les chaires de Santo - Domingo contre les tyrans des Indiens, franchirent les mers pour venir les défendre devant le prince et son conseil.

Les éloges donnés à ces missionnaires, et répétés par Montesquieu, Genty, Buffon, Robertson, etc. ont reçu la sanction de la postérité.

Dans l'épître dédicatoire de la préface de ses *Incas*, Marmontel attribuoit au fanatisme la destruction des malheureux Indiens. Depuis un demi-siècle, quiconque savoit répéter avec emphase ces mots, *superstition*, *fanatisme*, se croyoit un homme de génie, et se donnoit pour philosophe. On commence à s'apercevoir qu'il faut quelque chose de plus pour mériter ce titre. En 1777, dans un opuscule intitulé : *Lettre d'un lecteur du Journal français et de l'Année littéraire, à M. Marmontel*, on lui prouva démonstrativement que son assertion étoit fausse en soi, et contradictoire sous sa plume; que l'orgueil, l'ambition, la soif de l'or, la débauche, et non le zèle religieux mal entendu, étoient les passions honteuses qui dominoient les destructeurs du Nouveau-Monde.

L'auteur des Incas prétendoit qu'une bulle d'Alexandre VI avoit mis le *sceau apostolique* au fanatisme des conquérans espagnols, et qu'il *avoit fait un dogme de ses maximes, un précepte de ses fureurs*. Parce que beaucoup de crimes ont souillé la vie de ce pontife, est-ce une raison pour les aggraver en le calomniant ?

D

Certes il ne lui en restera que trop! Cette bulle, adressée, en 1493, au roi Ferdinand V et à la reine Isabelle, loin d'avoir le caractère que lui impute Marmontel, porte textuellement, au contraire, « l'ordre d'envoyer dans » le Nouveau-Monde des hommes de probité, craignant » Dieu, savans, expérimentés, pour instruire les indigènes » dans la foi catholique et les bonnes mœurs. »

Ce n'est donc pas le fanatisme qui opéra la destruction des Indiens : au contraire, la religion, oui la religion seule, éleva la voix contre les oppresseurs ; seule elle déploya ses efforts pour empêcher les vexations, les massacres, et pour consoler les opprimés. Est-ce sa faute si, contre son gré, au mépris de ses principes, et même en son nom, des brigands, sourds à sa voix, prétendirent légitimer leurs crimes ?

Les hommes sensés n'imputeront jamais à la philosophie les horreurs commises en son nom sous le régime de la terreur ; mais aura-t-on jamais la loyauté de ne pas imputer au christianisme des forfaits qu'il abhorre, qu'il condamne, et de dire, comme le cacique Henry, que le christianisme n'est pas responsable des crimes de ceux qui prétendent le professer, puisqu'ils sont en révolte contre les préceptes qu'il leur impose ?

Ce fut la religion qui dicta les sentences des Universités d'Espagne contre la doctrine de Sepulveda, dont les ouvrages, alors prohibés dans ce pays, furent publiés furtivement en Italie.

Et pourquoi ne rappellerois-je pas également les mesures prises en faveur des Indiens par les synodes et les conciles tenus à Mexico, à Lima, dans le seizième siècle, dont on peut lire les détails dans la collection du savant cardinal d'Aguirre? Les actes de ces assemblées, sur-tout du premier concile de Lima, en 1582, portent l'empreinte de la bienveillance la plus étendue, la plus affectueuse, envers les indigènes.

Rien n'est oublié pour prévenir les abus d'autorité à leur égard, pour les faire participer aux bienfaits de l'instruction et de tous les avantages sociaux.

Quoique la civilisation eût fait des progrès dans le Nouveau-Monde, avant l'entrée des Européens dans ce continent, il paroît que plusieurs contrées étoient encore à demi-sauvages. Un chapitre du concile qu'on vient de citer, qui porte en titre : *Ut Indi politicè vivere instituantur*, entre même dans des détails de propreté et d'économie domestique dont on veut inspirer le goût aux Indiens.

Le concile, considérant que la détention des nègres et négresses pour s'approprier les fruits de leur travail, est un crime, même dans les laïcs, le défend d'une manière plus expresse aux ecclésiastiques. Pour assurer l'exécution de ses réglemens, il adresse aux magistrats les invitations les plus touchantes, au clergé les ordres les plus précis (1).

On voit par-là quel étoit l'esprit de cette législation ecclésiastique. Elle avoit pour caractères la justice et la bonté ; elle opposoit un contre-poids aux vexations

---

(1) Voyez *Collectio maxima conciliorum*, etc. par d'Aguirre, t. IV, premier concile de Lima, art. 3, chap. 3, et art. 5, chap. 4.

qu'exerçoit la cupidité contre des hommes à qui l'indigénat devoit plus particulièrement assurer la jouissance de tous les droits sociaux.

Ayons aussi la justice de dire avec Marmontel (1) que les malheurs des Indiens furent toujours désavoués par le gouvernement et la nation.

Comment donc s'introduisit ce système d'oppression des Indiens et des noirs? Comment? De la même manière que dans les colonies françaises s'introduisit l'esclavage, malgré le vœu du Gouvernement et les décisions solennelles de la Sorbonne; il s'établit comme tous les abus qui intervertissent la marche de la nature, et qui minent insensiblement les institutions les plus sages. Ce résultat est, je ne dis pas inévitable, mais plus fréquent, lorsque le théâtre des événemens est loin du centre de l'autorité politique, qui ne peut y exercer qu'une surveillance imparfaite, parce qu'elle est obligée de déléguer ses droits à des agens dont on épouvante la foiblesse, dont on neutralise la force, dont on achète les décisions.

De telles calamités cesseront d'affliger l'espèce humaine dans tout pays où la suite des siècles présentera peut-être le phénomène inoui jusqu'à nos jours d'un Gouvernement inaccessible à l'intrigue, au népotisme; qui, ne sacrifiant jamais à certains individus l'intérêt de tous, punira tous les grands coupables; et qui, pour s'épargner l'obligation de punir, ira, dans les réduits de la modestie, et souvent du malheur, chercher la

____

(1) Voyez la préface de ses *Incas*.

vertu associée aux talens pour leur confier les intérêts publics.

Je reviens à mon sujet en résumant les faits. La traite des nègres entre l'Afrique et l'Europe commença chez les Portugais, au moins trente ans avant la naissance de Las-Casas. Le transport des esclaves noirs en Amérique, de l'aveu de tous les historiens, précède de quatorze ans, peut-être même de dix-neuf ans, l'époque à laquelle on fixe le projet imputé à Las-Casas pour les substituer aux Indiens.

Herrera, son unique accusateur, écrivain reconnu comme peu véridique, et qui montre de la prévention contre Las-Casas, ne cite aucun garant de son assertion. Il publia les premières décades de son histoire trente-un ans après la mort de celui-ci. Tous les écrivains contemporains de Herrera, et ceux qui lui sont antérieurs, gardent le silence sur l'inculpation relative aux noirs, quoique plusieurs fussent ennemis déclarés de Las-Casas.

Trois savans Américains que j'ai consultés, l'un de Mexico, un de Santa-Fe de Bogota, un autre de Guatimala, n'en ont aucune connoissance ; ils se bornent à dire qu'il est en vénération parmi leurs compatriotes, et ils expriment le desir de lui voir ériger, ainsi qu'à Christophe Colomb, une statue dans le Nouveau-Monde (1). Je ne connois pas de sujet plus digne

---

(1) Je saisis cette occasion pour leur exprimer ma reconnoissance, ainsi qu'à M. Manuel Justo Martines, premier professeur de théologie à l'université d'Alcala de Henarès, qui a bien voulu se prêter à quelques recherches relatives à cet ouvrage.

d'exercer le talent d'un ami de la vertu ; et il est étrange
que jusqu'ici la peinture et la poésie ne s'en soient pas
emparées.

Les ouvrages de Las-Casas, loin de présenter aucune
indication contre lui, réclament par-tout les droits de la
liberté, et inculquent les devoirs de la bienveillance en
faveur de tous les hommes, sans distinction de couleur ni
de pays : ainsi les principes qu'il professa toujours, et sa
conduite invariable, démentent une accusation dont les
esprits impartiaux peuvent actuellement apprécier la
valeur (1).

Très-peu d'hommes ont eu l'avantage de remplir une
vie aussi longue que la sienne par des services aussi
éclatans envers leurs semblables. Les amis de la religion, des mœurs, de la liberté et des lettres, doivent
un tribut de respect à la mémoire de celui qu'Eguiara
nommoit l'*ornement de l'Amérique* (2), et qui, appar-
tenant à l'Espagne par sa naissance, à la France par son
origine, peut être nommé à juste titre l'*ornement des
deux Mondes*.

---

(1) Hume l'eût reléguée au nombre des fables, lui à qui le silence d'Avers-
bury suffit pour révoquer en doute les projets cruels d'Édouard III contre
Eustache de Saint-Pierre et les cinquante bourgeois de Calais. (Voyez *History
of England by Hume*.) Pour mettre à l'abri de toute censure la réputation
de Las-Casas, le docteur Launoy et Luderwalt, connus par la sévérité de leur
critique, eussent trouvé, dans les détails que j'ai donnés, plus qu'ils n'exigent
dans leur traité sur l'autorité de l'argument négatif (*De auctoritate negantis
argumenti*, par Launoy, etc. — *Commentatio de vi argumenti quod ducitur à
silentio scriptoris*, par Luderwalt. *Brunswick*; 1753, in-8°).

(2) *Bibliotheca mexicana*, art. 6, de Las-Casas.

Si l'on demandoit jusqu'à quel point une discussion de ce genre intéresse l'espèce humaine, cette question qui s'applique à la plupart des faits historiques, peut être rendue de la manière suivante : Importe-t-il que l'histoire soit une suite de vérités et non un tissu de mensonges?

Importe-t-il que l'humanité gémissante, que la postérité épouvantée des scandales et des crimes qui souillèrent la découverte de l'Amérique, calment leurs douleurs, en admirant quelques hommes célestes qui, par leurs vertus, étoient l'image de la divinité, et par leurs bienfaits les représentans de la providence?

D'ailleurs n'avons-nous pas des devoirs à remplir envers ceux qui ont quitté la vie, comme envers ceux qui doivent y arriver? et quand le juste, descendu dans le tombeau, ne peut plus repousser les attaques de l'imposture, ceux qui lui survivent ne sont-ils pas plus étroitement obligés de plaider la cause de la vertu?

Les grands hommes, presque toujours persécutés, aiment à exister dans l'avenir : placés par leur génie en avant de leur siècle, ils en appellent au tribunal de la postérité; celle-ci, *héritière* de leurs vertus, de leurs talens, doit acquitter la dette des contemporains. Qui pourroit regretter d'avoir été calomnié, s'il peut, à ce prix, épargner des larmes à l'humanité? mais aussi est-ce trop d'obtenir justice quand on n'est plus?

BAUDOUIN, Imprimeur de l'Institut NATIONAL.

I